LA
CANADIENNE,
COMÉDIE
EN UN ACTE ET EN VERS;
PAR M. VADÉ.

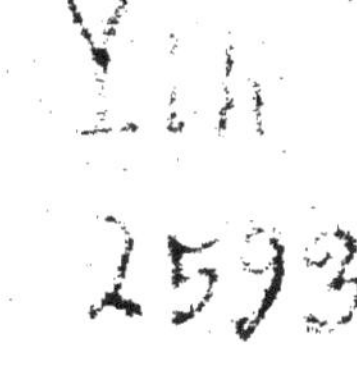

ACTEURS.

LA MARQUISE.

LA COMTESSE, fa Sœur.

DORIMONT, Pére de Julie.

JULIE, fous le nom de Zinca.

LE CHEVALIER, Fils de la Marquife.

LISETTE, Suivante de la Marquife.

FRONTIN, Valet du Chevalier.

BRIGANTIN, Maître-d'Hôtel de la Marquife.

La Scène eft dans le Château de la Marquife.

LA CANADIENNE,

COMÉDIE.

SCENE PREMIERE.

LE CHEVALIER, FRONTIN.

FRONTIN.

De bonne foi, Monſieur, vous donnez là-dedans ?
Moi qui n'ai pour eſprit que fort peu de bon ſens,
Je ne croirois jamais de telles impoſtures ;
Car, tenez, ces diſeurs de bonnes aventures
Finiſſent toujours mal. S'ils dévinoient enfin,
Ils ſçauroient ſe prédire une meilleure fin.

LE CHEVALIER.

De ces gens quelquefois la ſcience eſt bornée :
Mais celui qui ſans fard m'apprit ma deſtinée,
Sur le paſſé ſi bien a ſçu me définir,
Que mon eſprit frappé le croit ſur l'avenir.
C'eſt lui qui m'a prédit qu'une Canadienne,

Par sa flamme, bientôt allumeroit la mienne,
Et feroit mon bonheur. J'en suis certain.

FRONTIN.

Oui-dà!
C'est-à-dire, qu'il faut vous suivre en Canada?
Ma foi, votre valet. Qui voudra partir, parte.
Si j'aime à voyager, ce n'est que sur la Carte:
On y voit sans danger les Indes, le Pérou:
Mais courir jusques-là? Je ne suis pas si fou.
Voir cent Originaux, ne connoître personne;
Des voleurs en chemin, qui veulent qu'on leur donne
Habit, bourse, cheval.... Oh! j'en suis dégoûté.
Mais du moins sur la Carte on marche en sûreté.

LE CHEVALIER.

Qui te parle, dis-moi, de faire ce voyage?
La Marquise à mon goût s'oppose.

FRONTIN.

Elle est fort sage.
Vous ne vous piquez pas de trop lui ressembler.
C'est une mère unique.

LE CHEVALIER.

Elle a sçu m'accabler
De bontés, de bienfaits.

FRONTIN.

Remplissez son attente;
Et croyez un peu moins Madame votre tante,
Qui vous entretenant dans cette vision,
Vous rendra ce qu'elle est.... Oui... si l'expression
De folle n'étoit pas un tant soit peu trop forte,
Je risquerois le mot.

LE CHEVALIER.

En parler de la sorte!
Faquin....

FRONTIN.

Mais la voici. Filons doux à ses yeux.

SCENE II.

LA COMTESSE, LE CHEVALIER, FRONTIN.

LA COMTESSE.

AH ! .. j'espérois trouver la Marquise en ces
lieux.
Eh bien ! a-t-on gagné quelque chose sur elle ?
(A Frontin.)
Que fais-tu là, toi ?

FRONTIN.

Moi ? Comme un Valet fidele ;
Je tâchois d'exhorter mon Maître à son devoir,
D'obéir à sa Mere.

LA COMTESSE.

Ah ! je n'ai qu'à le voir.
Chevalier, tenez bon ; que votre complaisance
N'aille pas sur le sort emporter la balance.
Suivez le vôtre, enfin, puisqu'on vous l'a prédit ;
Les Devins sçavent tout, je vous l'ai déjà dit.
Moi-même, sans pourtant être bien curieuse,
J'ai sçu tout d'une femme à mon gré merveilleuse ;
Dont presque tout Paris fut très-longtems coeffé ;
On lisoit son destin dans du marc de caffé.
A l'article frappant des tendres anecdotes,
Les plus prudes souvent devenoient les plus sottes ;
Les unes par dépit, les autres par regret :
Mais la femme & l'amour étant seuls du secret,
On prenoit aisément son parti sur le reste.

LE CHEVALIER.

Ma curiosité ne peut m'être funeste,

Puisqu'on m'a présagé les plus heureux liens.

LA COMTESSE.

On peut être crédule ainsi que les Anciens.

FRONTIN.

Ah! si les Anciens croyoient aux balivernes,
Ce goût n'a pas gagné la plûpart des Modernes,
Qui, quoique leurs travers soient par-tout attestés,
Ne daignent seulement pas croire aux vérités.
Les foux ne veulent pas, encor que l'on leur prouve,
Convenir qu'ils le sont.

LA COMTESSE.

Mais, mon ami, je trouve
Que tu prends avec nous un ton bien familier.

FRONTIN.

C'est que.....

LE CHEVALIER.

C'est que.... Va-t-en.

FRONTIN.

Sans me faire prier,
Je sors, crainte de voir mal payer ma franchise.
Mais vous n'y perdrez rien, car voici la Marquise.
(*Il sort.*)

SCENE III.

LA MARQUISE, LA COMTESSE, LE CHEVALIER.

LA MARQUISE.

EH! bien, mon fils! peut-on sur votre entêtement
Vous dire encore un mot? Quoi! raisonnablement
Pouvez-vous renoncer à l'aimable Julie,

Et vous livrant en proie à votre fantaisie,
Préférer votre erreur au plus tendre lien ?
Je veux votre bonheur, vous détruisez le mien.

LE CHEVALIER.

Je vous dois tout, Madame; & ma reconnoissance....

LA MARQUISE.

Paye tant de bienfaits par une extravagance.

LA COMTESSE.

Ma Sœur, ménagez-le...

LE CHEVALIER.

Oui, si c'en est une enfin;
Que de suivre son goût, ou plutôt son destin.
Je le sçais, comme vous, Julie est jeune, aimable,
Riche.... mais je me forge une idée agréable
D'être aimé d'un objet, qui, changeant de climat,
Croira me devoir tout, son bonheur, son état....
Si je puis parvenir à la rendre sensible.....
Madame, vous riez: mais rien n'est moins risible;
Mon projet est charmant. Un cœur simple & sans art
Est si rare à Paris, qu'on le croit un hazard.
Ainsi donc je tiendrai des mains de la Nature
Ce qu'un autre souvent ne doit qu'à l'imposture.

LA MARQUISE.

Votre prévention ne voit que d'un œil faux.
Sçachez qu'en tout pays, les vertus, les défauts
Sont, de même qu'ici, des femmes le partage :
Que tout climat est pur à qui veut être sage :
Qu'une fille à Paris, qu'on éléve avec soin,
Possede la vertu, sans la chercher si loin;
Et que celle qui vient du plus lointain rivage,
A contre elle souvent les hazards du voyage.
Qu'en pensez-vous, ma sœur?

LA COMTESSE.

Moi? je pense autrement.

Vous ne me verrez point blâmer son sentiment.

LA MARQUISE.

Vous ne le blâmez point ?

LA COMTESSE.

Non, vous dis je ; au contraire,
Sa façon de penser est dans mon caractere.

LA MARQUISE.

Vous êtes fort sensée, après un tel aveu!

LA COMTESSE.

Eh ! mais si par la Tante on juge du Neveu,
Tant mieux pour lui, ma Sœur.

LA MARQUISE.

Du côté du mérite ;
Ce seroit fort bien fait ; c'est à quoi je l'excite :
Mais qu'il écoute moins la singularité.

LA COMTESSE.

C'est par-là qu'il me plaît, & c'est le beau côté;
Du goût national il fronde les chimeres.
J'aime les Etrangers, & lui les Etrangeres.
Cette conformité me le rend précieux.
Mon époux, le feu Comte, avec moi fut heureux,
Non parce qu'en effet il méritoit de l'être,
Aimable, de l'esprit, bien fait, point petit-Maître...

LA MARQUISE.

C'est par ces qualités qu'il fut de vous chéri ?

LA COMTESSE.

Non ; c'est qu'il étoit né près de Pondichéri.

LA MARQUISE, *à part.*

Fort bien ! Il ne manquoit, pour flatter sa manie ;
Que l'imprudent aveu d'une telle folie.
(*Haut.*)
Loin de me seconder, votre indiscrétion
Se plaît à le soustraire à la soumission.

LA COMTESSE.

Oh! la soumission! voilà comme vous êtes ;

Il faut donc s'immoler à tout ce que vous faites?
Et parce que sur lui vous avez du pouvoir,
Est-ce assez pour qu'il soit victime du devoir?
Ma sœur, en fait de choix, le devoir doit se taire.

LA MARQUISE, (*ironiquement.*)

On ne peut que louer un si beau commentaire.
Mais, répondez, mon fils, que dira Dorimont?
Le croyez vous d'humeur à souffrir un affront?
Et vous-même, ma sœur, me proposez sa fille,
Alliance honorable, en qui la vertu brille.
Julie & Dorimont, ici reçus tous deux,
Y restent à dessein de combler tous ses vœux:
Et Monsieur, n'écoutant qu'une humeur fantastique,
Est épris, sans le voir, d'un objet chimérique!

LA COMTESSE.

Quand je vous proposai cet hymen, j'ignorois
Les raisons d'un refus qu'en tel cas je ferois,
Vû la prédiction.

LA MARQUISE.

Admirable scrupule!

LA COMTESSE.

Mais ce Devin habile...

LA MARQUISE.

Est aussi ridicule,
Que les sots qu'il attrape; & l'on devroit punir
Tous ceux qui font métier de percer l'avenir,
Et la crédulité de ceux qui les font vivre
En payant leurs erreurs. Le Destin est un livre
Impénétrable à tous, des Sages respecté,
Et qui ne s'ouvre enfin qu'à la Divinité.
Entreprendre d'y lire, envers elle est un crime,
Dont le plus curieux est toujours la victime.
Avec des sentimens, de l'esprit, un bon cœur,
Sans consulter le Sort, on peut croire au bonheur.

Mon fils, vous perſiſtez, c'en eſt donc fait ?

LE CHEVALIER.

Ma Mere,
Malgré tout mon reſpect, je crains de vous déplaire.
Je ſuis bien malheureux ! Au nom de vos bienfaits,
Ne gênez point mon goût. Les efforts que j'ai faits
N'ont pû déterminer mon penchant pour Julie.
Je l'eſtime beaucoup. Hélas ! ſans ma folie,
Peut-être que l'Amour eût fixé mon repos ;
Peut-être l'aimerois-je.

LA MARQUISE.

Une autre, à ce propos,
Prendroit un parti vif : mais toujours bonne & tendre,
Ne pouvant vous guérir, je veux bien vous apprendre
Que depuis pluſieurs mois, par mon ordre, en ſecret,
Un homme s'eſt chargé d'amener un objet
Du Canada.

LE CHEVALIER (*tranſporté.*)

Souffrez que mon cœur.... Mais, ma Mere,
Quand verrai-je ?....

LA MARQUISE.

Je crois que vous n'attendrez guère.

LE CHEVALIER (*avec impatience.*)

Quand ?

LA MARQUISE.

Bientôt, à juger par le tems du départ
De celui que mes ſoins ont choiſi.

LA COMTESSE.

Pour ma part,
Je vous en ſçais bon gré.

LA MARQUISE.

Son bien & ſa naiſſance
Ne vous cédent en rien. Par la correſpondance
Que j'ai dans ce pays, cela n'eſt pas ſuſpect,

Je m'en suis fait instruire. Ainsi que le respect
Marche avec votre amour.

LE CHEVALIER, (*baisant la main de sa Mere.*)

Vos bontés me confondent.
Quoi ! j'aurois.....

LA MARQUISE.

A mes vœux que les vôtres répondent ;
Tout ira bien. Rentrez. De mes bienfaits, mon fils,
Connoissez l'étendue, & mettez-y le prix.

(*Le Chevalier sort avec des démonstrations de reconnoissance & de joie.*)

LA COMTESSE (*à la Marquise.*)

Malgré vous, la raison vous est donc revenue,
Puisqu'à le seconder vous êtes résolue !

LA MARQUISE.

Soit.

LA COMTESSE.

Je l'en félicite, & je cours sur ses pas,
Lui bien recommander qu'il n'en démorde pas.
Ma sœur, c'est, selon moi, lui rendre un bon office.

LA MARQUISE (*ironiquement.*)

Je reconnois ma sœur à ce rare service.

SCENE IV.

LA MARQUISE seule.

SI l'homme le plus fait pour aimer la vertu,
Par quelque ridicule est encor combattu,
De celui de mon Fils justement je murmure ;
Il paye un peu trop cher tribut à la Nature.
Cependant je l'excuse ; il cherche un cœur sans art,
Qui ne connoisse en rien ni l'aprêt ni le fard,
Qui, simple dans ses mœurs, & fait pour la tendresse,

Sçache traiter l'amour avec délicatesse.
Ce desir le transporte ; & pour faire un tel choix
Il croit qu'il faut aller bien plus loin qu'autrefois.
Je le croirois aussi, sans l'aimable Julie,
Qui paroît être faite au gré de son envie....
Mais la voici.... tâchons de la déterminer
Au projet que tantôt.....

SCENE V.

LA MARQUISE, JULIE.

JULIE.

J'Ai beau m'examiner ;
Je n'aurai jamais l'air d'une Canadienne.

LA MARQUISE.

Si, ma chère ; de vous il faut que je l'obtienne... ;
Vos habits sont tout prêts pour ce déguisement.
Vous vous méconnoîtrez vous même assûrément.

JULIE.

Ce n'est point sur l'habit que mon esprit contrôle ;
Ma taille & ma figure iront de reste au Rôle.
Mon Pere, qui dans tout croit toujours voyager,
Dit que j'ai l'air Persan, le profil étranger,
Le menton Espagnol, l'oreille Japonoise,
Le nez Américain, & la bouche Chinoise.
S'il dit vrai, je crois fort qu'en mêlant tout cela ;
Je pourrai bien avoir un air de Canada.
L'habit au par-dessus soutiendra l'équivoque.
Tout va bien jusqu'ici : mais certain point me choque.

LA MARQUISE.

Quel est-il ?

JULIE.

Franchement, il doit me déceler ;

Croyez-vous me tenir une heure sans parler?
S'il faut qu'avec mes traits ma langue se déguise;
Je ne réponds de rien, Madame la Marquise.

LA MARQUISE.

Quand vous réfléchirez que ce n'est qu'à ce prix
Que je peux vous devoir le bonheur de mon Fils,
Votre amitié pour moi sçaura, sans répugnance,
Surmonter l'embarras d'une heure de silence.

JULIE.

Mon amitié pour vous me fait risquer un pas
Que sans elle vraiment je ne risquerois pas.
Faut-il que mon desir de vous nommer ma Mere,
Par votre propre Fils devienne une chimere?

LA MARQUISE.

Chassez de son esprit une légere erreur
Qui n'a point sûrement été jusqu'à son cœur.
Vous en viendrez à bout.

JULIE.

Au moins j'en ai l'envie.

LA MARQUISE.

Votre Pere vous croit chez votre bonne amie?

JULIE.

Depuis hier au soir.

LA MARQUISE.

Ainsi gardons-nous bien
Que l'on vous voye ici. La Comtesse revient,
Qui nous gâteroit tout.

JULIE.

Je vole à ma cachette;
Achever promptement ma bisarre toilette.

(*Elle sort.*)

SCENE VI.

LA MARQUISE, LA COMTESSE.

LA COMTESSE

Votre Fils maintenant est comme je le veux.
Allez nous en serons contentes toutes deux,
Sitôt que par mon goût le vôtre se décide.
Vous faites tout de lui, quand la douceur vous guide.
Quoique fort jeune il a l'esprit très-conséquent.

LA MARQUISE.

Tout-à-fait ! Il en donne un trait bien convaincant.
De l'esprit ! en a-t-on lorsque l'on est bisarre ?
Choquer les préjugés, jouer l'espèce rare,
Etre seul de son goût, si c'est-là de l'esprit,
Comment donc nommez-vous la sottise ?

LA COMTESSE.

Il suffit
De vous contrarier, pour être singuliere.
Je vous entends.

LA MARQUISE.

Mon Dieu, laissons cette matiere ;
Chacun pense à son gré. La dissertation
N'est point du tout mon genre.

LA COMTESSE.

Et c'est ma passion.

LA MARQUISE.

Ne vous contraignez point.

LA COMTESSE.

J'aime que l'on disserte.
Dorimont, par exemple, est une découverte
Admirable pour nous.

LA MARQUISE.

Je vous cede ma part.

LA COMTESSE.

Fort instruit : il est vrai qu'il est un peu bavard ;
Mais il parle de tout, d'histoire, de voyage.
De sa prolixité ce qu'il dit dédommage.
Il vient à nous.

SCENE VII.

LA MARQUISE, LA COMTESSE, DORIMONT.

DORIMONT.

PArbleu, j'en aurois fait autant.
Elle a raison. Il faut chercher l'amusement
Où l'on peut le trouver : c'est le sel de la vie.

LA MARQUISE.

De qui parlez-vous donc, s'il vous plaît ?

DORIMONT.

De Julie
Ma fille. Elle n'est pas si dupe, à mon avis,
Qu'elle ne sente bien que Monsieur votre Fils
L'a (soit dit entre nous) fort mal appréciée.

LA COMTESSE.

Eh bien ?

DORIMONT.

Apparemment qu'hier au soir ennuyée
Du rôle peu flatteur qu'elle joue en ce lieu,
Ou plûtôt de celui que votre froid Neveu
Fait auprès d'elle....

LA MARQUISE.

Enfin ?

DORIMONT.

Enfin, ne vous déplaise,

Souffrez qu'à ce ſujet j'ouvre une parentheſe,
Que je ſçaurai fermer lorſqu'il en ſera tems.
Eſt-ce là, dites-moi, comme on aime à vingt ans ?
Le pauvre Chevalier mérite qu'on le plaigne,
Ainſi que ſes pareils. Corbleu ! ſous l'autre régne
Il eût fallut me voir, & mes contemporains,
Toujours vifs, égrillards, ſans être libertins....

LA MARQUISE.

Il s'agit.....

DORIMONT.

Prévenans ſans ceſſe auprès des belles......

LA MARQUISE.

Sçachons.....

DORIMONT.

Sans leur manquer, ſe faire eſtimer d'elles.
Mais aujourd'hui, ma foi, ce n'eſt qu'en leur manquant,
Qu'un jeune écervelé leur paroît élégant.
L'air libre a remplacé l'innocent badinage.
Et l'enjouement n'eſt plus que du libertinage.
Il faut que je vous conte.....

LA MARQUISE.

Eh ! mais vous nous parliez
De Julie.

DORIMONT.

Eh bien ! oui.

LA MARQUISE.

Monſieur, ſi vous vouliez.....

DORIMONT.

Ne vous l'ai-je pas dit ? Elle m'a fait entendre,
Hier, quoiqu'un peu tard, qu'il ne faut plus prétendre....
Vous ſçavéz, comme moi, qu'elle a beaucoup d'eſprit,

LA

LA MARQUISE, (*avec impatience.*)

Oui, Monsieur.

DORIMONT.

Elle parle, elle chante, elle écrit....
Elle a tous les talens que possédoit sa Mere.
Tout cela, voyez-vous! me la rend bien plus chere.
J'ai bien vû du pays; mais je n'ai jamais vû
Un Enfant.....

LA MARQUISE, (*avec vivacité.*)

Nous aimons ses talens, sa vertu.
Il s'agit du propos.....

DORIMONT.

Eh! sans doute.

LA MARQUISE.

De grace,
Achevez cet article.

LA COMTESSE, (*à la Marquise, d'un ton piqué.*)

On vous gêne, on vous lasse,

(*à Dorimont.*)

Pour peu que l'on raconte. Auriez-vous la bonté,
A propos des pays où vous avez été,
De me dire deux mots concernant vos voyages?

DORIMONT.

Volontiers. Ecoutez. Un jour chez les Sauvages,
Peuple assez ignorant, & parlant mal François,
Chantant mal l'Italien... Ce sont deux choses...

LA MARQUISE.

Mais,
Votre Fille...

DORIMONT.

Ah! ma Fille? Eh bien! elle est partie,
Pour aller s'amuser chez une bonne amie.....
Elle en a, des amis, beaucoup; & c'est un point
Essentiel. Malheur à ceux qui n'en ont point!
Je m'en suis fait pourtant.... B

LA MARQUISE, (*à part.*)

Quelles cruelles peines !

DORIMONT.

J'en ai mille au Japon, au Cap.....

LA COMTESSE.

Les porcelaines
Sont-elles sur un pied fort cher ?

LA MARQUISE, (*à part.*)

Bon ! les voilà
Partis pour le Japon.

DORIMONT, (*à la Comtesse.*)

A l'égard de cela,
Selon la qualité. Celle que plus on vante
Est marquée au Dragon.

LA MARQUISE, (*le tirant par le bras.*)

Votre Fille est absente !
Sera-ce pour longtems ?

DORIMONT.

Ma foi, je n'en sçais rien,
Autant qu'elle voudra. Mon plaisir est le sien.
Il suffit qu'elle soit en bonne compagnie,
Et que j'en sois instruit. Je n'ai pas la manie
De ces peres....

SCENE VIII.

LA MARQUISE, LA COMTESSE, DORIMONT, LISETTE.

LISETTE.

MAdame, un nommé Brigantin,
Arrivé, m'a-t-il dit, d'un païs fort lointain,
Voudroit vous présenter une Canadienne,
Qu'il dit être jolie.

DORIMONT.

Ah ! ah !

LA MARQUISE.

Dis-lui qu'il vienne.

(*Lisette sort*).

(*à part*).

Puisse mon Fils, par-là, guérir de son erreur!

LA COMTESSE.

Nous allons donc la voir! Je l'attends de bon cœur.

Dorimont, ce païs vous est connu, sans doute?

DORIMONT.

(*à part.*)

Comme mon cabinet..... Ce détail me déroute.

Ai-je bien été là?

LA COMTESSE.

Comment les habitans

Sont-ils mis, à-peu-près?

DORIMONT, (*hésitant.*)

Je parle de longtems....

LA COMTESSE.

Vous vous ressouvenez du moins de leurs manieres,

Et des femmes surtout?

DORIMONT, (*embarrassé.*)

Elles sont..... singulieres....

De si loin, la mémoire échappe volontiers.

LA COMTESSE.

Et les hommes sont-ils.....

DORIMONT, (*cherchant.*)

Mais..... ils sont singuliers....

Ayant l'air.... par ma foi... Je ne sçais trop vous dire.

Les gens sont plus aisés à voir, qu'à les décrire....

(*à part.*)

Ouais! aurois-je oublié d'y faire un tour? oui-dà....

LA MARQUISE.

Je le croirois assez.

DORIMONT.

Justement, m'y voilà.....

LA COMTESSE.

Vous me faites plaisir.... En portraits il excelle...
Vous vous rappellez donc?

DORIMONT.

Ma foi, je me rappelle.....
Que c'est le seul climat où je n'ai point été.
On peut dédommager la curiosité,
Par un trait historique.... Un jour....

SCENE IX.

LA MARQUISE, LA COMTESSE; DORIMONT, JULIE, (sous le nom de Zinca,) LISETTE, BRIGANTIN.

LA COMTESSE.

Ah!

DORIMONT.

Ah!

BRIGANTIN, (*à la Marquise lui présentant Zinca.*)

Madame
Veut elle se charger.....

LA MARQUISE.

Oui, de toute mon ame.

BRIGANTIN.

Cette aimable personne a précédé d'un jour
Deux parens qu'une affaire appelloit à la Cour.
Peut-être dès ce soir les verrez-vous paroître.

LA MARQUISE.

Ils seront tous reçus, ainsi qu'ils doivent l'être.

LA COMTESSE.

Elle est fort bien !

LA MARQUISE.

Charmante !...

DORIMONT, (*l'ayant examinée avec des lunettes.*)

Et surtout du profil !
Voyez.....

LA COMTESSE.

Oui, c'est plaisant ! mais cela parle-t-il ?
(*à Dorimont.*)
Vous sçavez cette langue ?

DORIMONT.

Oh ! j'en sçais quinze ou seize,
La sienne foiblement. Pour la mettre à son aise,
D'abord en bon françois je vais l'interroger.
(*à Zinca.*)
Bon jour, charmant objet ! Dans votre air étranger
On voit je ne sçais quoi de doux & d'agréable.
(*Zinca paroît étonnée.*)
(*d'un ton plus élevé.*)
Bon jour, charmant objet ! Hem ! Plaît-il ? Mais que diable !
(*plus haut.*)
Elle ne répond pas. Bon jour, objet charmant !
Réponds donc, si tu veux.
(*Zinca prend un air effrayé.*)

LA MARQUISE.

Ce n'est pas en criant,
Qu'elle vous entendra. Cette Canadienne
Ignore notre Langue. Eh ! parlez-lui la sienne,
puisque vous la sçavez.

DORIMONT.

(*Il interroge Zinca.*)
Volontiers. Belleti,

Ici vous crédati in poco perdati !

(il crie.)

Plaît-il ? Répondati.

(Zinca paroît avoir peur.)

LA MARQUISE.

Vous lui cassez la tête.

Entend-elle cela ?

DORIMONT.

Je la croyois moins bête.

LA COMTESSE.

Il lui parle pourtant de toutes les façons.

DORIMONT, *(à la Marquise.)*

Le Marchand, quel qu'il soit, est un vendeur d'oisons.

BRIGANTIN.

Monsieur, connoissez mieux.....

DORIMONT.

Un oiseau sans ramage,
Et cela, ce n'est qu'un. Sans tarder davantage,
Il faut vous en défaire.

LA MARQUISE.

Allez chercher mon fils.

(Lisette sort & rentre aussitôt.)

Si Monsieur Brigantin veut bien qu'en ce logis
Elle passe le jour.....

BRIGANTIN.

Madame est la Maitresse :
Mais je dois l'avertir qu'en vain Monsieur la presse
De répondre.

DORIMONT.

Pourquoi ?

BRIGANTIN.

Soit chagrin, soit dégoût,
Soit accident, Zinca ne parle point du tout.

(Il sort.)

DORIMONT.

Je le sçavois bien, moi; cette espéce est muette.
(*Il rit.*)
Je vous fais compliment sur votre bonne emplette.

LA MARQUISE.

Ses yeux son expressifs.

DORIMONT.

Il me faut du caquet:
J'en donnerois, morbleu, cent pour un perroquet.
Belle qui ne dit mot, n'est qu'une belle Idole.

LA MARQUISE.

Mais l'ame......

DORIMONT.

Oh! selon moi, l'ame est dans la parole.
C'est pourquoi je soutiens......

SCENE X.

LA MARQUISE, LA COMTESSE, DORIMONT, JULIE, LE CHEVALIER, LISETTE, FRONTIN.

LA MARQUISE.

APprochez, Chevalier.
Voyez comme je sers votre goût singulier.
Voici l'objet qu'enfin j'ai fait venir en France.
Le réel a suivi de près votre espérance.
Sa taille & sa beauté vous surprennent déjà.
(*Pendant cette Scène le Chevalier admire Zinca avec une attention extrême.*)

DORIMONT.

Oh! ho! quoi! c'est pour lui que vous prenez cela?

LA COMTESSE.

Oui,

DORIMONT.

Quel conte !

LA COMTESSE.

D'honneur.

DORIMONT.

Ah! la bonne folie!
Je vous quitte un moment, pour écrire à Julie;
(*Au Chevalier.*)
Et je vais lui marquer ton goût pour les tableaux,
Monsieur l'original! Vas.....

LA COMTESSE.

Il est à propos
Que vous soyez instruit du fond de l'aventure.
Une prédiction qui me paroît très-sûre,
Veut que pour son bonheur il devienne amoureux....

DORIMONT.

D'un être inanimé! sa façon d'être heureux
N'a pas le sens commun. Morbleu, vive ma fille!
Il n'en étoit pas digne. Elle cause, babille....

LISETTE.

Elle a de qui tenir.

DORIMONT.

Ensemble ils seront bien.

LA COMTESSE.

En un mot, c'est son goût.

DORIMONT.

Oh! chacun a le sien.
Mais je voudrois sçavoir......

LA COMTESSE.

Si vous voulez me suivre,
Vous sçaurez le détail......

LA MARQUISE, (*à Lisette.*)

A tes soins je la livre :
Ne quitte point ses pas.

DORIMONT, (*raillant de loin le Chevalier.*)

Mais voyez donc ſon air :

LA MARQUISE.

Laiſſons-les un moment.

DORIMONT, (*ſortant avec la Marquiſe & la Comteſſe.*)

Prends courage, mon cher.

L'Attelier d'un Sculpteur t'en offrira bien d'autres.

(*Ils s'en vont.*)

SCENE XI.

LISETTE, LE CHEVALIER, ZINCA, FRONTIN.

FRONTIN, (*au Chevalier, qui eſt reſté en extaſe.*)

Pour peu que ſes diſcours ſoient ſemblables aux vôtres,
Vous n'épuiſerez pas la converſation.

LISETTE.

Tais-toi ; ne trouble point ſa contemplation.
La Belle eſt d'un païs où, pour toute éloquence,
On ne dit rien du tout ; & c'eſt en conſéquence,
Que ton Maître ſe forme.

LE CHEVALIER, (*avec tranſport.*)

Oui, j'en ſuis enchanté !

LISETTE.

Ses progrès ſon bien courts.

LE CHEVALIER.

Une Divinité,
Comparée à ſes traits, perdroit au parallele.
Quelle taille ! quels yeux !

LISETTE, (*à Frontin.*)

La trouves-tu ſi belle ?

FRONTIN.

Ma foi, tout doucement. Sans aller loin, je crois
Que l'on pourroit trouver d'aussi jolis minois.

LISETTE.

Je m'en flatte, & j'en sçais à qui l'on rend les armes.

FRONTIN.

Tu fais tout bonnement les honneurs de tes charmes.

LISETTE.

Je ne dis rien de trop.

LE CHEVALIER.

Comment la nomme-t-on,
Lisette?

LISETTE.

Zing..... Zinca.

LE CHEVALIER.

Zinca! le joli nom!

LISETTE.

Le nom y fait beaucoup!

LE CHEVALIER.

Zinca, je vous adore.
(Zinca paroît surprise.)
Sur mon étoile, hélas! mon goût l'emporte encore.
Elle ne répond pas!

FRONTIN.

Parbleu, je le crois bien.
On en est dispensé, lorsque l'on n'entend rien.

LE CHEVALIER.

(Elle paroît sérieuse.)
Zinca? Quel sérieux! Je lui déplais, peut-être?

FRONTIN.

Lui déplaire! ho que non! Mais tenez, mon cher Maître,
Vous vous y prenez mal. Tiens, Lisette, aide-moi.
(Ils lui font des mines grotesques, dont Zinca paroît s'offenser.
Chit, chit!

LISETTE.

Chit, chit!

FRONTIN.

Hem!

LISETTE.

Hem!

FRONTIN.

Elle boude! ma foi.
Pour les bons procédés, c'est être trop cruelle.

LE CHEVALIER.

Ne la chagrine pas. Mon bonheur dépend d'elle.
Comment peindre à ses yeux toute ma passion?

(Il lui fait des signes tendres & passionnés. Elle a l'air étonné.)

Que je suis mal-adroit! Lisette, aide-moi donc.

LISETTE.

Moi! quêter de l'amour!

LE CHEVALIER.

Tu vois les circonstances.

LISETTE.

Je veux agir pour moi, quand je fais des avances.

LE CHEVALIER.

Et toi, Frontin?

FRONTIN, *(se carrant.)*

Monsieur, le plus joli minois
N'a jamais eu l'honneur de me braver deux fois.
Chacun sçait ce qu'il vaut.

LE CHEVALIER.

Eh bien! je veux lui dire,
Qu'elle m'entende, ou non, tout ce qu'elle m'inspire.
Oui, charmante Zinca, je ne vis que pour vous.
Le Destin l'a prédit. Que ce Destin m'est doux!
Il est justifié par mon ardeur extrême.
Je vous adore. Hélas! dites moi, *je vous aime.*

Je vous aime, est un mot facile à prononcer.
L'amour seul l'inventa..... Mais pourquoi vous presser
De répondre à mes vœux ? Vous ne pouvez m'entendre.
Ah ! du moins sans parler, un cœur sensible & tendre
(*Zinca a les yeux baissés.*)
Répond par les regards. Zinca, que vos beaux yeux
Me dédommagent donc d'un silence odieux.
Rien qu'un regard, un seul. Que faut-il que je fasse?
(*Il se jette à ses genoux.*)
Faut-il à vos genoux demander cette grace ?
Zinca, vous m'y voyez ; & J'attends, en tremblant,
(*Zinca paroît effrayée, & ensuite contrefait un rire baroque.*)
Mon Arrêt .... Vous riez ! quoi ! d'un rire accablant
Vous payez mon amour ? Vous êtes une ingrate,
Plus cruelle cent fois.... En vain ma plainte éclate ;
Elle ne m'entend pas. Que je suis malheureux !
(*Avec emportement*)
Frontin ! Frontin !

FRONTIN, (*tout tremblant.*)
Monsieur !

LE CHEVALIER.
Dis-lui-donc, si tu veux,
Qu'elle a le plus grand tort.

FRONTIN.
Que diable lui dirois-je ?

LE CHEVALIER, (*à Lisette.*)
Mais, toi, fais lui sentir ....

LISETTE.
Après vous, que ferois-je ?

LE CHEVALIER.

Mais fais la convenir qu'elle a conçu pour moi
La haine ou le mépris le plus affreux.

LISETTE.

Ma foi,
Vous le mériteriez. D'Homme fort raisonnable,
Vous voilà devenu le plus impardonnable,
Pour ne pas dire fou : cela par l'ascendant
Que prend sur votre cœur un être morfondant,
Qui n'a pour tout talent que la bégueulerie.

LE CHEVALIER.

Ton insolent discours passe la raillerie.
Apprends que la sagesse unie à la beauté....

FRONTIN.

La sagesse... est de trop, Monsieur, en vérité.
Pour belle, on peut le voir. La physionomie
Est faite pour cela. Mais l'autre point se nie,
Faute d'être apperçu.

LE CHEVALIER.

Sa pudeur est témoin
Qu'en son climat....

FRONTIN.

A beau mentir qui vient de loin.

LE CHEVALIER, (*lui donnant un coup de son chapeau sur l'oreille.*

Vous êtes un maraud. Offenser ce que j'aime,
C'est m'outrager.... Zinca, pour mon bonheur suprême,

(*Zinca fait un mouvement d'impatience, & paroît vouloir sortir.*)

Puis-je espérer qu'un jour...Quoi ! vous voulez me fuir ?
Je vois trop à quel point vous voulez me haïr.
Je vous suis odieux ! Quoi ! je lui sacrifie

Tout, en me refusant à l'aimable Julie,
Pour être dédaigné? Sortons. Non je ne puis
Me souffrir plus long-tems dans l'état où je suis.
(Il sort avec Frontin.)

SCENE XII.

JULIE, (sous le nom de Zinca,) *LISETTE.*

LISETTE.

Le voilà bien puni de sa bisarrerie;
Et c'est, ma foi, bien fait. Mais quelle fantaisie
Engage ma Maitresse à vouloir m'employer
Auprès de cette Idole? Oh! je vais m'ennuyer.

JULIE.

Lisette?

LISETTE, *(effrayée.)*

Juste ciel! au secours!

JULIE.

Viens, Lisette.

LISETTE.

Vous parlez?

JULIE.

Sans avoir besoin d'un interprète.
Il est bien sigulier que ce déguisement
Voile aux yeux de chacun Julie.

LISETTE, *(l'ayant examinée.)*

Eh! oui vraiment...
(Elle balance.)
Mais non... oui... non... si fait. A présent je le gage.
Voyez comme le rouge accommode un visage!
Vous n'en mettiez jamais. Cet art officieux,
De bien que vous étiez, vous rend quatre fois mieux.

Mais quel sujet ainsi vous a donc travestie ?

JULIE.

Ignorant le dessein, ou plutôt la manie
Du pauvre Chevalier, mon Pere, ainsi que moi,
Fut reçu dans ces lieux, & tu sçais bien pourquoi.
On me fit voir d'abord le Fils de la Marquise,
Comme devant un jour, en épouse soumise,
Etre à lui pour jamais. Tu connois ce qu'il vaut.
Son mérite, ses mœurs, m'enchaînerent bientôt.
Il m'étoit ordonné de l'aimer. Ah, Lisette !
Comme j'obéissois ! Mais hélas ! ma défaite,
Loin de produire en lui le même sentiment,
Sembloit l'en détourner. Juge de mon tourment.
J'allai cacher mes pleurs dans le sein de sa Mere,
A qui par mille soins j'ai sçu me rendre chere.
Son but, en approuvant le penchant que j'ai pris,
Etoit de triompher de l'erreur de son Fils.
Vain espoir ! Elle a cru que, par ce stratagême,
Cet Amant deviendroit la dupe de lui-même.
Voilà tout le sujet de ce déguisement.
C'est elle qui le veut, & l'amour y consent.

LISETTE.

Comme vous dégoisez ! Pendant votre silence,
Vous avez amassé ce torrent d'éloquence.
Il prend fort bien son cours !

JULIE.

Il me coûte bien cher.

LISETTE.

Votre voyage enfin....

JULIE.

Est un voyage en l'air.

LISETTE.

Mais quel est votre but ?

JULIE.

Mon unique espérance

Est de plaire, ou du moins tenter, par mon silence,
Et ma stupidité, de le pousser à bout,
De le guérir enfin de son bisarre goût.
Que j'ai plaint son tourment! que j'ai souffert moi-même,
De ne pouvoir tantôt dire ce *je vous aime*,
Qu'il m'a tant demandé! Mon cœur en palpitoit.
Que dis-je? hélas! tout bas il le lui répétoit.
Qu'il en coûte, en aimant, pour feindre d'être ingrate!

LISETTE.

Oui. Mais malgré l'espoir dont votre ame se flatte,
Si Monsieur votre Pere, entendant peu raison,
Prenoit mal ce détour?.....

JULIE.

Je le connois si bon....

LISETTE.

Oui, j'en conviens.

JULIE.

Il m'aime avec tant de tendresse,
Que, si quelque succès couronne ma foiblesse,
Il sera le premier comblé de mon bonheur.
Mais si le Chevalier, constant dans son erreur,
Rendoit à tous égards ma démarche inutile,
Alors, Lisette, alors choisissant pour asyle
Le Couvent.....

LISETTE.

Le Couvent! Quoi donc! jusqu'à ce point
Vous poussez le Roman! Mais vous n'y pensez point.
Jugez-vous un peu mieux; faites-vous quelque grace.
Si par un coup du sort j'étois à votre place,
Avec ce que je sçais, je vous suis caution,
Que plus de vingt Seigneurs me feroient bien raison
De la froideur d'un seul. Ils veulent qu'on les mene;
Et de les bien mener, on n'est jamais en peine,

Lorsque

Lorsque l'on sçait tromper.

JULIE.

Tromper!

LISETTE.

Il le faut bien.
C'est un remède sûr. On n'en fait jamais rien
Sans cela.

JULIE.

Je ne puis. Allons trouver sa Mere.
Ses conseils guideront tout ce que je dois faire.

LISETTE.

Le plaisant attirail! C'est elle, je le vois.
J'en douterois encor sans le son de sa voix.

SCENE XIII.

LE CHEVALIER, FRONTIN.

(*Le Chevalier courant comme un fou.*)

FRONTIN, (*le suivant.*)

Mais que diable, Monsieur! quel est donc ce délire?
Vous allez, vous venez, vous restez sans rien dire.
(*Le Chev. s'arrête, soupire, parle bas, & gesticule.*)
Vous soupirez tout haut, & tout bas vous parlez.
Vous restez immobile, & vous gesticulez.
Tenez, ma foi, j'ai peur, & si cela redouble,
Je n'y pourrai tenir.

LE CHEVALIER *marche encore pendant cette tirade, & Frontin le suit.*

Ah! Frontin! dans quel trouble
Je suis! Etre amoureux, & n'être point aimé,
Regretter l'autre objet dont j'étois estimé,
N'adorer que Zinca, ne plaindre que Julie,

Dont l'absence cruelle afflige encor ma vie;
Quel état! quel état!

FRONTIN, (*à part.*)

Il faudra le lier.

(*Haut.*)

Il est vrai que cela me paroît singulier.

LE CHEVALIER.

Singulier! point du tout. Rien de plus ordinaire;
Que de voir parmi nous une jeune Etrangere,
Ignorant le François.

FRONTIN, (*à part.*)

Il extravague un peu.
Quelle tête!

LE CHEVALIER, (*rêvant.*)

Le sort de moi se fait un jeu.
Toi-même, conçois-tu mon étoile bisarre?
Qu'en dis-tu?

FRONTIN.

Moi, je dis qu'elle n'est pas si rare;
Et j'en ai pour témoin les petites maisons,
Dont vous prenez la route.

LE CHEVALIER.

Ecoute mes raisons.

FRONTIN, (*l'écoutant attentivement.*)

Oui, Monsieur.

LE CHEVALIER *réfléchit un instant sans parler; ensuite il dit avec violence:*

(*Bas.*)

Parle donc, parle donc.... Je m'égare.

FRONTIN, (*effrayé.*)

Quoi! quoi! Monsieur! Eh bien! oui, le penchant bisarre
Qui fait que votre étoile.... est un sort.... du Destin.
Dont.... Je m'embrouille aussi.... De maniere qu'enfin....
Pour trop vous imiter, Monsieur, je déraisonne.

LE CHEVALIER.

Ce qui m'arrive ici n'a donc rien qui t'étonne !
Mets-toi pour un moment à ma place. Comment
Pourrois-tu supporter un silence assommant ?
Ce souvenir cruel ne sert qu'à me confondre.
Tu diras à cela qu'elle ne peut répondre.
Belles raisons ! la bouche articule des mots,
Quelque étranges qu'ils soient. Fussent-ils Ostro-
gohts,
Je les eusse entendus. L'Amour sert d'Interprète :
Il n'est point d'Idiôme, à qui ce Dieu ne prête
La plus forte énergie.

FRONTIN.

Il est vrai.

LE CHEVALIER.

Mais Zinca
Ne parle point du tout. Que dis-tu de cela ?

FRONTIN.

Ce que je dis ? je dis, ou du moins j'imagine
Avoir entendu dire......

LE CHEVALIER.

Eh bien ! quoi ?

FRONTIN.

Qu'à la Chine ;
A dessein d'empêcher les femmes de courir,
On leur brisoit les pieds, sans pouvoir les guérir.

LE CHEVALIER.

Mais quel rapport, dis-moi ?......

FRONTIN.

Voici ma conséquence.
Par la même raison, tout uniment je pense
Que l'on pourroit fort bien aux filles de Québec
Faire aussi quelque tour, pour leur clorre le bec.
Qu'en pensez-vous, Monsieur ?

LE CHEVALIER, (*indigné.*)

Qu'il faut être imbécille,
Pour tenir un propos aussi plat qu'inutile!
Va-t-en.

FRONTIN.

Vous vous fâchez!

LE CHEVALIER.

Sors.

FRONTIN.

Pourquoi m'en aller?
Au diable soit l'amour! on ne peut plus parler.
Je m'en suis.

LE CHEVALIER.

Non, Frontin. La raison est fort sage,
Et ne me choque plus.

FRONTIN.

Ah, Monsieur! quel dommage
Que vous n'écoutiez pas celle que vous avez!

LE CHEVALIER, (*rêvant.*)

Je trouve....que....Zinca......

FRONTIN.

Eh bien! vous lui trouvez? .....

LE CHEVALIER.

Avec notre Julie un air de ressemblance.

FRONTIN.

Bon! vous n'y pensez pas.

LE CHEVALIER.

Quelque foible nuance.....

FRONTIN.

C'est le jour & la nuit. Tenez, voici le fait.
Je crois que votre idée a tout l'air d'un regret.

LE CHEVALIER.

Oui; mais j'aime Zinca. Voilà ce qui me tue.

FRONTIN.

Quel plaisir aurez-vous avec une statue ?
C'est de l'amour perdu.

LE CHEVALIER.

Je voudrois l'étouffer.

FRONTIN.

La Marquise s'avance.

LE CHEVALIER.

Elle va triompher.

SCENE XIV.

LA MARQUISE, LE CHEVALIER, FRONTIN.

LA MARQUISE.

Quoi ! lorsque tout concourt à remplir votre envie,
Que tout sert votre cœur, ce même cœur s'oublie,
Et néglige l'Objet dont il est possédé !
Que veut dire, Monsieur, un pareil procédé ?

LE CHEVALIER, (*embarrassé.*)

Mais, ma Mere, l'amour n'en est pas moins le même,
Pour n'être pas toujours auprès de ce qu'on aime.

LA MARQUISE.

Quand l'amour est bien vif, il agit autrement.

LE CHEVALIER, (*d'un air encore plus embarrassé.*)

On ne se connoît pas toujours parfaitement,
On fait de vains projets.... l'utile expérience
Vient les anéantir...... Ce n'est pas que je pense
Que Zinca ne pourroit faire un jour mon bonheur.
(*Avec chaleur.*)
Mais la figure seule est bien peu pour un cœur.

FRONTIN.

Sans doute, & je soutiens que dans le mariage
Il n'est pas suffisant de parler au visage,
Et que, pour le bonheur de la Société,
Il faut bien que chacun tâche, de son côté,
D'ajouter.....

LA MARQUISE.

C'est assez; du reste fais-nous grace......
Oui, je conviens, mon fils, que la beauté nous lasse,
Si ses traits, ornés des plus vifs agrémens,
Ne sçavent point servir de cadre aux sentimens.

LE CHEVALIER.

Eh! voilà ma raison.

LA MARQUISE.

Sçachons par quel augure
Vous jugez que Zinea n'a que de la figure,
Et ne possede pas un mérite réel?

LE CHEVALIER.

Oh! si je l'entendois il seroit naturel
De croire à son mérite.....

LA MARQUISE.

Il faut bien, pour l'entendre,
Qu'elle apprenne à parler François.

LE CHEVALIER.

Elle! l'apprendre!
Apprendre le François! Non, Madame, jamais.

LA MARQUISE.

Vous le lui montrerez.

LE CHEVALIER.

Pour faire des progrès,
De ce genre sur-tout, il faut que l'écoliere
Commence par sentir que l'on cherche à lui plaire;
Qu'un souris marque au moins sa bonne volonté:
Mais, pour l'amener là, je suis trop détesté.

LA MARQUISE.

Quel garant, quelle preuve avez-vous de sa haine?

LE CHEVALIER.

Le plaisir qu'elle a pris à jouir de ma peine.
Je tombe à ses genoux; mes feux passionnés
N'exigent qu'un regard. Non; on me rit au nez.

FRONTIN.

Cela n'est pas poli, je crois.

LA MARQUISE.

Allez, sa flamme
Peut-être avec le tems pourra naître....

LE CHEVALIER, (*l'interrompant.*)

Madame;
Quand revient donc Julie?

LA MARQUISE.

A quel propos, mon fils,
Me parler d'un objet, qui, voyant vos mépris,
S'en venge, en vous fuyant? Et j'eusse agi comme elle.

LE CHEVALIER.

Qui? moi! la mépriser! Julie est sage, belle.
Sa vertu, ses talens ont toujours eu sur moi
Tous les droits de l'estime, & même.....

LA MARQUISE.

J'apperçoi
Zinca. Songez-y bien ensemble. Je vous laisse:
N'allez pas désormais réclamer ma foiblesse,
Je n'en veux plus avoir.

LE CHEVALIER.

Mais si Julie......

LA MARQUISE.

Adieu.
Elle a rompu. Zinca doit vous en tenir lieu.
(*à part.*)
Puisse-t-elle achever de le rendre à lui-même!

(*Elle sort.*)

SCENE XV.

LE CHEVALIER, JULIE, (*sous le nom de Zinca*,)
LISETTE, FRONTIN.

FRONTIN.

Ce Devin, quel qu'il fût, sçavoit fort bien son thême;
Car sa prédiction se soutient jusqu'au bout.
C'est le Diable!

LE CHEVALIER, (*revenu de sa confusion.*)

Zinca, tenez-moi lieu de tout.
Oui, faites que j'oublie, en vous voyant si belle,
Un Objet qui, depuis son absence cruelle,
A laissé dans mon cœur de quoi vous balancer.
Hélas! par vos dédains vous m'y faites penser.
O ma chere Julie! en vain je vous appelle.

(*Zinca le regarde tendrement, & semble être prête à se faire connoître.*)

LE CHEVALIER, *transporté.*

Quel regard! non, Zinca, je vous serai fidèle:
Je n'aimerai que vous; je vous en fais serment.
Ah! j'ai nommé Julie involontairement.

(*Zinca le regarde avec indignation, & se retourne avec colère.*)

LE CHEVALIER.

Mais quel air courroucé! Vous évitez ma vûe!
Julie, en m'écoutant, seroit peut-être émue.

Quoi ! lorsque je suis prêt à la sacrifier.....
Quel sacrifice, ô Ciel !

LISETTE.

C'est trop l'humilier.

FRONTIN.

Parbleu, Mademoiselle, on a beau sçavoir plaire;
On ne plaît qu'à demi, sans un bon caractère.

LE CHEVALIER, (*passionnément.*)

Regardez-moi du moins.

(*Zinca passe avec précipitation du côté de Lisette.*)

LE CHEVALIER.

Ingrate, c'en est fait.
Oui, je renonce à vous.

FRONTIN.

Bon ! voilà parler net.

LE CHEVALIER.

Voilà ce qu'il falloit, pour guérir ma folie.....
Sotte prédiction, tu m'as ravi Julie !
Jusqu'au fond de mon cœur que ne peut-elle voir ?
Hélas ! il n'est plus tems.

SCENE XVIe
& derniere.

LA MARQUISE, LA COMTESSE, ZINCA, DORIMONT, BRIGANTIN, FRONTIN, LISETTE.

LA MARQUISE.

MOn Fils, je viens sçavoir
Si, relativement au nœud qui vous engage,
Je pourrai sur Zinca, sur votre mariage,
En termes positifs, répondre à ses parens.

LE CHEVALIER.

Qui? moi! me marier!

LA MARQUISE.

Ce soir je les attends.

LE CHEVALIER.

Madame.... on les verra.

LA MARQUISE.

Quel accueil leur ferai-je?

LE CHEVALIER.

Celui que vous voudrez.

LA MARQUISE.

Enfin que leur dirai-je?

LE CHEVALIER.

Que je suis.... hors de moi.

FRONTIN.

Tenez, sans tant tourner,
Madame... ces Messieurs pourront s'en retourner:
Cette Belle, ainsi qu'eux, perdant son étalage,
On peut leur souhaiter à tous un bon voyage.

DORIMONT.

Oh! oh! je sçavois bien, moi, qu'il n'y tiendroit pas.
Il a, parbleu, raison. Le premier des appas
(*Il montre sa bouche.*)
Est......... la langue.

LA MARQUISE, (*au Chevalier.*)

Parlez.

DORIMONT.

Que voulez-vous qu'il dise ?
Le voilà dégoûté de cette marchandise,
Et je l'aurois gagé. Bon! rien n'est si trompeur.
Il m'est arrivé, moi......

LA MARQUISE.

Permettez-moi, Monsieur,
D'interrompre un moment le fil de votre histoire.

LA COMTESSE, (*à Dorimont.*)

Etoit-ce loin d'ici ?

DORIMONT.

Si j'ai bonne mémoire.....
C'étoit......

LA MARQUISE, (*au Chevalier.*)

Décidez-vous, mon Fils, & promptement.

LE CHEVALIER, (*pénétré.*)

Je me repens si fort de mon égarement,
Et des travers affreux où l'erreur nous entraîne,
Que j'en reste confus.

DORIMONT.

Oh! c'est ta faute.

LE CHEVALIER.

A peine
J'ose lever les yeux sur Dorimont.

DORIMONT.

Pourquoi?

LE CHEVALIER.

Cependant mon bonheur dépend de lui.

DORIMONT.

De moi?

LE CHEVALIER.

Hélas! si j'ai besoin d'un secours, c'est du vôtre;
Je suis perdu sans vous.

DORIMONT.

En voilà bien d'un autre!
Eh! mais ne crois-tu pas que je vais bonnement
Partir pour te chercher une femme?.... Comment!
Mais je vous dis!.... Enfin, sçais-tu que ta folie
Ne me va pas?....

LE CHEVALIER.

Monsieur, il s'agit de Julie.
Ma Mere, appuyez-moi. Je me jette à vos pieds.
Engagez Dorimont, parlez, pressez, priez.....

LA MARQUISE.

Que puis-je faire?

LE CHEVALIER.

Hélas! faites donc que j'obtienne
Ma grace.

DORIMONT.

Crois-tu donc que ma Fille aille, vienne,
Comme cela? mais, mais......

LE CHEVALIER.

Monsieur, écrivez-lui.
C'est dans votre bonté que je cherche un appui.
Votre cœur est trop bon, pour être inexorable.
Je vous en prie, au nom d'une Fille adorable,
Qui cause mon amour, mes chagrins, mes remords.
Donnez-moi le moyen de réparer mes torts.
Monsieur!.....

DORIMONT, (*attendri.*)

Ce morveux-là m'arracheroit des larmes,

Si je ne me tenois à quatre.... Tu me charmes.
Va, soit. Mais si ma Fille, écoutant la fierté,
A son tour s'opposoit à ta félicité?.....

JULIE.

Non, mon Pere, ma main seconde votre envie.

DORIMONT.

Quoi! morbleu, cela parle?

LA MARQUISE.

Embrassez-moi, Julie.

LE CHEVALIER, (*lui baisant la main.*)

O ma chere Julie! à peine je soutiens
Cet instant.

LA COMTESSE, (*l'ayant examinée.*)

Oui, c'est elle; on la reconnoît bien.

FRONTIN.

Mais, qui diable l'auroit connue à son silence?
Même je doute encor.....

JULIE.

Perdant toute espérance
De plaire au Chevalier, si, pour flatter son goût,
Je ne me transformois.....

LE CHEVALIER.

Hélas! je vous dois tout.

JULIE.

Vous ne me devez rien, puisque je suis contente.
(*Souriant.*)
Si le Devin vouloit que je fusse inconstante,
Il faudroit pourtant l'être....

LE CHEVALIER.

Ah! Ne m'accablez pas.
Mon cœur désabusé ne croit qu'à vos appas.
Je sens tous vos bienfaits, adorable Julie.
Mon bonheur & la fin de ma bisarrerie

Sont l'ouvrage parfait de votre tendre amour.
Le mien peut-il jamais vous .....

DORIMONT.

Me jouer ce tour!
Point d'hymen, s'il vous plaît. Madame la Marquise,
On m'en a fait accroire, & l'on vous a surprise.
Ensemble vengeons-nous.

JULIE.

Hélas! Je meurs d'effroi.

LA MARQUISE.

Et de qui vous venger? vengez-vous donc de moi.
De ce qui s'est passé, seule je suis coupable.
J'ai tout conduit, Monsieur.

DORIMONT, (*enchanté*)

Vous êtes admirable!
Que ne parliez-vous donc?... Ma fille, embrasse-moi.
Parbleu, présentement on voit bien que c'est toi.
(*riant.*)
Je ne l'ai pas remise. Aussi dans les voyages
On parle à tant de monde, on voit tant de visages!..
A propos de visage, ôte ce rouge-là.
Je veux que tu sois toi.....Quand je fus à Goa......

LA MARQUISE.

Ne peut-on pas ce soir sçavoir cette aventure?

DORIMONT.

Oui..... J'en ajoûterai cinquante, je vous jure.
Moi, quand je n'en sçais point, sur le champ je les fais.

LA MARQUISE.

Allons, mes chers enfans.... Ma sœur, de tels effets
Prouvent que les Sorciers n'ont rien qui se soutienne,

LA COMTESSE.

Mais ma nièce à préſent eſt en Canadienne.

LA MARQUISE.

A propos de cela, ſçachant bien que mon fils
Céderoit.... Vous allez être au fait du Païs,
Des fêtes qu'on y donne, & de leurs mariages;
Partons. Combien de gens pourroient devenir
ſages,
S'ils vouloient concevoir que ſouvent le bonheur
Dépend de revenir d'une fatale erreur!

FIN.

LA VEUVE

www.ingramcontent.com/pod-product-compliance
Ingram Content Group UK Ltd.
Pitfield, Milton Keynes, MK11 3LW, UK
UKHW020406220726
13923UKWH00004B/1772

9 782019 317119